LES
DERNIERS JOURS

D'UN PETIT GARÇON

QUI AIMAIT LE SEIGNEUR JÉSUS

———

Simple Récit par une Mère

Après le combat, la victoire !

GASTON S***

PARIS

A LA LIBRAIRIE ÉVANGÉLIQUE
Rue Roquépine, 4.

NÎMES

CHEZ PEYROT-TINEL, LIBRAIRE.

———

1866

LES DERNIERS JOURS

D'UN PETIT GARÇON

Nimes , typ. Roger et Laporte , place Saint-Paul , 5.

LES
DERNIERS JOURS

D'UN PETIT GARÇON

QUI AIMAIT LE SEIGNEUR JÉSUS

Simple Récit par une Mère

Après le combat, la victoire !

GASTON S***

· ✦ ·

PARIS

A LA LIBRAIRIE ÉVANGÉLIQUE
Rue Roquépine, 4.

NIMES

CHEZ PEYROT-TINEL, LIBRAIRE.

1866

INTRODUCTION.

——

Ce n'est pas sans en demander la force au Seigneur que j'ai entrepris la narration qu'on va lire. Gloire Lui soit rendue de ce qu'il a soutenu ma faible main ! Je désire ardemment qu'avec l'aide de Dieu ce récit atteigne un double but, savoir : encourager les mères de famille à élever leurs enfants dans la voie étroite qui conduit à la vie éternelle, et encourager les petits enfants à faire comme mon cher Gaston, à donner leur jeune cœur à Dieu, et à accepter, comme lui, le salut gratuit offert à tous les pécheurs. On ne saurait rester indifférent, à la vue de la mort si glorieuse d'un enfant de sept ans et demi. Le Seigneur a tiré sa plus parfaite louange de la bouche des petits enfants. Je le prie de soutenir les pauvres mères appelées à passer par des épreuves semblables à la mienne. J'ai éprouvé l'efficace de la promesse : « Ma grâce te suffit ; ta force durera autant que tes jours. » Dieu soit béni de ce qu'Il m'a donné de pouvoir dire comme David : « Je me suis tû, parce que c'est toi qui l'as fait. »

Junas (Gard), février 1866.

LES
DERNIERS JOURS

D'UN PETIT GARÇON

Ce fut à la fin du mois de novembre 1865, que mon cher enfant tomba malade. Les vomissements qui le prirent n'inquiétèrent d'abord point le médecin, qui ne lui trouvait pas de fièvre. Mais lorsqu'il s'aperçut que la tête était prise, et que l'enfant commençait à y voir double, il reconnut une maladie des plus dangereuses, et m'en avertit aussitôt. Mon cher fils dut d'abord quitter l'école ; puis, ses maux de tête le faisant beaucoup souffrir, surtout pendant la nuit, il dut s'aliter complètement dès le milieu de décembre. Il comprit dès lors qu'il était bien malade, et que son mal pourrait le conduire au tombeau. Il s'occupa plus particulièrement de son salut, et son plus grand bonheur fut de me faire raconter des histoires de la Bible. « Quand tu me racontes quelque chose, ma mère, me disait-il, il me semble que tu m'ôtes une partie de mon mal , car je pense à ce que tu me dis, et j'oublie pour un moment mes souffrances. » Il aimait surtout le récit des miracles du Sauveur, et me demandait sans cesse de lui parler des souffrances de Jésus. « Ma mère , me dit-il un jour , tu me dis que mon Sauveur a souffert pour moi, et d'où vient donc que maintenant je souffre tant ? » Je lui fis comprendre que Jésus-Christ n'avait souffert que pour son âme; mais que le corps doit nécessairement souffrir avant de mourir. « Ton Sauveur n'est pas mort sans souffrance, ajoutai-je, bien au contraire, et au lieu d'avoir auprès de lui comme toi une mère qui lui donnât à boire, les méchants ne lui offrirent que du vinaigre mêlé avec du fiel, tandis que sa chère mère ne pouvait absolument rien lui donner pour le soulager. » Je m'efforçai aussi de lui faire comprendre que si nous souffrons, c'est pour nous-mêmes , mais que Jésus a souffert volontairement pour tous les pécheurs.

Le mal ayant augmenté, nous dûmes lui mettre des vésicatoires autour de la tête , ce qui lui fit dire : « Ma mère, je suis comme mon Sauveur, j'ai une couronne d'épines ; mais la couronne que j'aurai plus tard vaudra bien mieux que celle-ci. » Je lui demandai aussitôt s'il était assuré de posséder cette autre couronne , et s'il croyait réellement aller au ciel. « J'en suis tellement assuré, ma mère, me répondit-il, que je languis d'y être. J'irai re-

trouver la pauvre Amélie et la pauvre Jaulmette (1). »
Il me demanda alors à voir une gravure que nous
avons, rep·ésentant le jugement dernier. « Je veux
voir, me dit-il, comment sont les anges. » Et après
l'avoir bien considérée, il reprit : « C'est cela ;
maintenant je sais comme je serai. »

Dans une autre circonstance, je lui demandai,
pour l'éprouver, si malgré les souffrances quele
bon Dieu lui donnait, il l'aimait toujours. — « Oh !
ma mère, répondit-il, que le bon Dieu fasse de
moi ce qu'il voudra, qu'il me tue, s'il le veut, je
l'aimerai toujours davantage. » Il n'avait à la bou-
che que de semblables réponses. Ainsi, il me dit
une autre fois : « Vois-tu, ma mère, je souffre
bien, mais jamais je ne prie le bon Dieu pour moi-
même, parce que, si je meurs, j'irai au ciel, où je
serai bien heureux. Mais je prie toujours pour mon
père, afin que le Seigneur le pardonne. Je l'aime
tant que je ne veux pas qu'il aille en enfer (2). »
Au bout d'un instant, il ajouta : « Je suis sûr que
mon père viendra au ciel avec nous, parce que,
lorsque je prie le Seigneur, je dis : « Mon Dieu, je

____

(1) C'étaient deux petites filles, l'une de quatre ans
et demi, et l'autre de neuf ans, mortes il y a trois ou
quatre ans.

(2) Mon cher mari n'avait alors aucune disposition
sérieuse, et il s'opposait même fortement à ce que nous
assistassions aux réunions religieuses.

sais que tu le veux et que tu le peux , et que tu nous rendras tous heureux. » Il me dit encore : «Quand je prie, je ne dis pas en moi-même : Peut-être que le Seigneur le fera, peut-être qu'il ne le fera pas ; mais je dis : Je sais qu'il le fera , et ce sont des prières comme celles-là que veut le bon Dieu. Je sais qu'il veut se servir de moi pour la conversion de mon père. — En es-tu bien sûr , mon ami ? Qu'est-ce qui te le fait croire ? — Eh bien ! je le sens , je te dis que c'est absolument comme s'il était déjà converti. »

Quelque temps après, il me dit : « Je voudrais bien parler à mon père, et lui dire tout ce que je te dis à toi ; mais je le crains , parce que j'ai toujours vu qu'il te grondait lorsque tu lui parlais de Dieu. J'ai peur qu'il ne m'en fasse autant. Il faudra pourtant que j'essaie de lui parler dans une autre maladie. — Mon cher fils , lui dis-je, si tu as le désir de lui parler, c'est ton Dieu qui te met ce désir au cœur, et la voix qui te dit de renvoyer à plus tard , est la voix de Satan , l'ennemi de ton âme. Le bon Dieu ne t'a pas promis que tu aurais une autre maladie. — Mais, ma mère, me dit-il, je suis jeune et ignorant , quand Satan me tente, je ne sais pas que c'est lui ; mais quand je serai grand, je le saurai. Il m'arrive quelquefois de faire de petites choses qui ne sont pas bien ; quand je les ai faites, je me dis : « C'est peut-être Satan qui t'a poussé à les faire. — Oui , mon ami, lui répondis-je, le mal que nous faisons ne peut pas venir de Dieu. — Eh bien ! à présent, reprit-il, je saurai ce que c'est qu'une tentation. »

Ce courage qui lui manquait pour parler à son père, il l'eut dès qu'il se sentit plus près de sa fin. Une nuit, il demanda qu'on fît lever son père, car, dit-il : « Je suis bien malade , je vais mourir. » Dès qu'il le vit entrer, il lui annonça sa mort prochaine, et ajouta : « Il y a longtemps que je suis bien malade, je l'étais déjà lorsque j'allais encore à l'école. Un jour, j'ai copié de l'almanach une histoire intitulée : « *La douceur plus forte que la force.* » Je ne l'ai pas finie , parce que j'étais trop souffrant ; mais je voulais la copier pour te la faire lire aujourd'hui, avant de mourir — Qu'est-ce donc que cette histoire ? lui demanda son père. — C'est l'histoire d'un homme que tu devrais imiter. Il faisait d'abord comme toi, il ne voulait pas laisser aller sa femme à la réunion ; mais ensuite, il l'y laissa aller. — Son père répondit : Mon ami , ne t'inquiète pas de cela , ta mère fera désormais ce qu'elle voudra, songe à ta guérison. — Mais ce n'est pas tout, continua notre cher malade , cet homme alla à la réunion à son tour ; je veux que tu fasses comme lui , parce que je veux que tu viennes au ciel. — Oui, mon ami. — C'est que, vois-tu , je ne mourrais pas tranquille, si tu ne voulais pas laisser ma mère libre. »

Le lendemain , il me dit : « Tu vois bien , ma mère, qu'avant de mourir, j'ai obtenu ta liberté. Je te le disais bien. Cependant il me semble que mon père ne me l'a accordée qu'à contre cœur ; je voudrais qu'il le fît avec un cœur content. » Le cher enfant ne comprenait pas que son père était ému de le voir tellement souffrir.

Un dimanche, il demanda encore à voir son père. Il était environ onze heures du soir. Je lui dis que mon mari était sorti ; qu'ayant reçu la visite d'un voyageur, il avait dû le conduire au café. Mon fils n'en persista pas moins dans sa demande, et nous dûmes aller chercher son père. Aussitôt qu'il fut arrivé, l'enfant lui dit : « Mon père, ce n'est pas quand je serai mort que tu devras me plaindre, car alors je serai au ciel et bienheureux ; c'est maintenant que tu dois faire mon deuil ; et tu ne dois pas aller au café, car je souffre beaucoup. » Son père lui répondit : « Cher enfant, c'est par occasion que j'y suis allé, et parce que je n'ai pu m'en dispenser. Tu sais que depuis que tu es malade, je n'y vais plus. » Au bout d'un instant, il reprit : « Mon père, je veux que tu te convertisses, que tu viennes avec moi. — Et que faut-il donc faire pour se convertir ? lui demanda celui-ci. — Il faut aimer le bon Dieu et garder ses commandements. »

J'ai oublié de raconter un autre fait remarquable relatif aux relations de mon cher fils avec son père. Il gardait le lit depuis huit jours, lorsque nous eûmes un négociant à dîner. Il s'éleva entre mon mari et moi une discussion sur la religion, comme cela arrivait du reste souvent. Notre hôte chercha à cette occasion à faire comprendre à mon mari qu'il devait respecter ma conscience, et ne pas me contraindre à travailler le dimanche. Et mon mari finit enfin par me dire : « Hé bien ! désormais tu seras libre, puisque ce travail du dimanche te rend si malheureuse ! » Cette promesse, que j'attendais depuis plus de quatre ans, me fit éprouver une vive reconnaissance envers Dieu qui exauce toujours les prières de ses enfants. Je me rendis, au bout d'un instant, auprès de mon cher fils, et je lui annonçai l'heureuse nouvelle de la promesse que je venais d'obtenir. Il se contenta de s'écrier : « O ma mère, que ma joie est grande ! » Mais le lendemain, revenant sur ce sujet, il me dit : « Sais-tu pourquoi mon père t'a accordé cette faveur ? C'est parce que je l'avais demandée plusieurs fois à Dieu, et que lorsque je l'ai prié, j'ai dit à Jésus-Christ : « Je sais que tu veux et que tu peux nous rendre heureux, ma mère et moi ! »

Un autre jour, il me dit : « Ma mère, je n'ai fait qu'une bonne chose dans ma vie. — Et laquelle, mon cher fils ? — Tu peux bien te l'imaginer, c'est lorsque j'ai prié mon père de se convertir. Quand je ne serais venu au monde que pour cela, je suis bien content. »

Je reviens maintenant à d'autres paroles de mon cher enfant, dans l'ordre dans lequel il les prononça : « Quand je serai mort, me dit-il un jour, ne pleure pas trop. Tu sais où je vais, et tu sais aussi que là où je serai, tu y viendras aussi. Et puis ce qui doit te réjouir encore plus, c'est la certitude où je suis que mon père y viendra lui-même, et nous serons heureux tous ensemble.

Une autre fois, comme je faisais allusion au désir qu'il avait précédemment exprimé d'être pasteur, et que je lui disais qu'il le deviendrait, si Dieu lui donnait vie, il s'écria : « O ma mère, je vais bientôt monter dans la chaire la plus haute de toutes, dans celle du ciel. »

A mesure que le mal faisait des progrès, sa jeune âme se purifiait, et son jeune cœur se détachait plus complétement de la terre. Comme je lui demandais s'il n'aimerait pas à vivre : « Je ne voudrais pas te quitter, me répondit-il, de peur que tu ne te chagrines ; mais cependant je préfère aller au ciel. Moi qui aime tant le chant, je chanterai les louanges du bon Dieu. »

« Je ne sais pas, me dit-il une autre fois, si c'est parce que j'ai l'habitude de prier le bon Dieu, mais il faut toujours que j'aie les mains jointes. » Je lui demandai s'il priait souvent. — « Tant que j'ai des bons moments, répondit-il, et que je ne souffre pas trop. Je ne puis pas me fatiguer de le prier, tant je l'aime! — Et que lui demandes-tu? — Veux-tu que je lui demande des bagatelles ? Oh non! Je lui demande de nous pardonner tous et de nous faire aller au ciel. »

Un jour, une de mes tantes lui dit qu'il était trop jeune pour avoir péché. — Oh! ma tante, reprit-il, j'ai beaucoup péché, tout le monde a des péchés ; mais le plus grand de mes péchés, c'est celui que j'ai commis l'an passé, quand je suis allé, avec mes petits camarades, voler des alberges (1). Crois-tu que ce n'était pas un bien grand péché ? » Elle lui dit alors qu'il était trop jeune pour mourir. — « On dirait, lui répondit-il, que tu n'as jamais vu mourir personne de jeune. On n'est jamais trop jeune pour mourir. On n'est jamais non plus trop jeune pour donner son cœur à Dieu. » Il se souvint alors que lorsqu'il avait commis sa faute au sujet des alberges, je l'avais fait mettre à genoux avec moi, et que je lui avais fait comprendre qu'il avait offensé Dieu, et devait lui demander pardon. « Ma mère, me dit-il en faisant allusion à cette circonstance, puisque tu m'as fait demander pardon à Dieu, ce péché me sera-t-il aussi pardonné. » Je fus heureuse de pouvoir lui répondre affirmativement.

Dans le courant de décembre, M. le pasteur de Jersey vint le voir, et lui demanda s'il aimait son Sauveur. Sur sa réponse affirmative, il lui raconta une histoire, qu'il termina par la prière, ce qui lui fit un sensible plaisir. — « Que cette prière m'a fait de bien, me dit mon cher enfant, aussitôt après le départ du pasteur. Je l'aurais bien prié de rester un peu plus longtemps, si je n'avais pas craint de le déranger ; mais je sais que les missionnaires (2)

(1) Sorte de pêche des champs.

(2) On appelle encore de ce nom les pasteurs métho-distes dans quelques parties du Languedoc.

sont fort occupés. » Tout jeune qu'il était, il comprenait déjà combien est précieux le temps des
pasteurs.

Il me demandait souvent de lui chanter des
cantiques, ou de prier avec lui, et malgré ma vive
douleur, le Seigneur m'a donné la force de répondre
toujours à ces pieux désirs. Il m'a aussi bénie en
éloignant le murmure de mes lèvres. Je disais souvent à mon cher petit ange : « Mon ami, notre coupe
est pleine, mais gardons-nous bien de murmurer.
Ce n'est pas en vain que nous souffrons. Le Seigneur n'a envers nous que des desseins de miséri-
corde et d'amour, qu'il nous dévoilera dans le ciel,
et alors nous le bénirons pour chacune des épreuves qu'il nous aura envoyées sur la terre. — Je
voudrais déjà être dans le ciel, reprit-il une fois;
je verrais alors Jésus-Christ, et tous ces prophètes
dont tu me racontes l'histoire; je verrais Isaac, que
son père alla sacrifier sur la montagne, et Moïse,
car il y est aussi; n'est-ce pas ? — Oui, mon chéri.
— Ah ! tant mieux ! je les verrai tous, ainsi que mes
deux petits frères. — Oui mon ami, toi qui me
disais toujours que tu aimerais les voir ici-bas, tu
iras les retrouver là-haut. Vous y serez bien plus
heureux qu'ici, car tout y est joie et bonheur. Ton
père et moi nous ne pourrions vous procurer que
des biens périssables : mais ton Père céleste vous
réserve un bien plus heureux sort, il veut vous
admettre dans son royaume céleste pour toute
l'éternité »

Un jour, Mme Delord, de Beauvoisin, vint le voir et lui demanda s'il connaissait le Sauveur. — « Oui, répondit-il promptement, je le connais depuis l'âge de quatre ans. » Il disait vrai, car depuis ma conversion, qui eut lieu à cette époque, il n'a jamais cessé de me soutenir et de me défendre auprès de son père, et je puis dire que je n'ai jamais versé une seule larme que ce cher petit ange n'ait essuyée. Quand il me voyait pleurer à cause des difficultés qu'on m'opposait pour m'empêcher d'aller aux réunions, il me disait : « Ma mère, sois tranquille, lorsque je serai grand, je fléchirai mon père, et nous pourrons aller où nous voudrons. » On a déjà vu comment il lui fut donné de réussir.

Nos entretiens furent interrompus par un jour de délire. Mais le Seigneur permit que dès le lendemain il fût plus calme. Pour m'assurer s'il se rappelait les mauvaises paroles qu'il avait prononcées la veille, je lui dis : « Pourquoi me disais-tu hier que je m'entendais avec le médecin pour te faire mourir, et pourquoi accompagnais-tu ces paroles de jurements? — D'un air ému et tout étonné, il me répondit : « Comment, ma mère, moi qui t'aime tant, je t'aurais dit cela? je m'en serais bien gardé. Tu sais bien que de ma vie je n'ai juré ; certes, je ne crois pas avoir dit tout cela. » Il ajouta presque aussitôt : « Si je me suis exprimé ainsi, c'est à la souffrance qu'il faut l'attribuer. » Il comprit alors une fois de plus que sa maladie s'aggravait.

Après trois nouvelles journées de délire, pendant lesquelles il souffrit extrêmement, à tel point que j'avais peine à le retenir dans son lit, le calme revint le jeudi 18 janvier, et à sa demande, je le changeai de lit. Aussitôt après, il me dit : « Ma mère, faismoi vite la prière, car je vais mourir. » Ces paroles me causèrent une telle émotion que je ne pus prier, mais je fis chercher une de nos amies, Césarine, qui arriva au bout de cinq minutes, et répondit à son désir. A peine eut-elle commencé à prier, que mon cher Gaston se mit à répondre amen à chaque phrase qui trouvait un écho dans son jeune cœur. Voyant cela, je demandai à Dieu la force de prier à mon tour ; après quoi, il récita lui-même l'Oraison dominicale. Ensuite il nous demanda un cantique. Mon amie entonna celui qui commence par ces mots :

<blockquote>Je voudrais être un ange,</blockquote>

Mais il l'interrompit pour la prier de chanter plutôt :

<blockquote>A tout âge
Pour le sage
Le voyage
Du ciel....</blockquote>

Et lorsqu'elle en fut arrivée à ces derniers mots, il continua en disant : *Nous contente,* voulant sans doute nous montrer ainsi qu'il était content d'aller au ciel. Au bout de quelques instants, il me dit :

« Je suis à Dieu, et Dieu m'appartient. » Un instant après, il s'écria : « Gloire à l'Agneau ! Gloire à l'Agneau ! » Presque immédiatement une attaque de convulsions le prit, et nous crûmes que sa fin approchait. La crise passa cependant, mais sa vue, qui s'était peu à peu affaiblie depuis le commencement de sa maladie, finit par s'éteindre tout à fait. Dès lors, quoique il fut complétement aveugle, il ne montra jamais un seul moment d'impatience. Cette nouvelle épreuve me fut très sensible. Mais notre bon Sauveur, qui dit à Pierre : « J'ai prié pour toi, afin que ta foi ne défaille point » a aussi réalisé en moi cette magnifique déclaration, et il m'a gardé de murmurer, en me faisant comprendre que « ses voies ne sont pas nos voies » et que « toutes choses concourent ensemble au bien de ceux qui l'aiment. »

M. Mourgues, notre pasteur, venait souvent nous voir, et chacune de ses visites était un baume pour mon cher fils. De mon côté, les bons encouragements que je recevais de lui m'étaient bien nécessaires. Il paraissait lui-même heureux de venir et apprenait avec plaisir ce que j'avais toujours à lui raconter de nouveau.

A la suite de cette dernière attaque, mon cher Gaston eut beaucoup de délire. Dans les quelques intervalles lucides que lui laissait la maladie, il me parlait constamment des choses célestes. Tantôt il répétait : « Ici le combat et là haut la victoire. Oh ! quelle vie de misères ! Quand serons-nous au ciel ! »

Tantôt il me demandait de lui raconter tout ce que je savais du ciel. Un jour il me pria de lui dire où le Seigneur gardait les robes blanches de ses élus. « Il les tient sans doute dans une belle salle du paradis, » continua-t-il. — « Ma mère, si nous pouvions mourir tous les deux, je l'aimerais bien. »

Une autre fois, comme je lui racontais l'histoire du serpent d'airain, il se mit à dire : « Ecoute, ma mère, je ne comprends pas pourquoi, dès qu'un Israélite était guéri en regardant le serpent, tous les autres ne le regardaient pas aussi. Ils n'étaient pas comme moi. Pour moi, alors même qu'on me tuerait pour m'empêcher de croire en Jésus-Christ, je dirais : Faites de moi ce que vous voudrez, mais je croirai toujours.

—Ma mère, me dit-il dans une autre circonstance, si je ne meurs pas, je n'irai plus au temple avec les enfants de l'école, parce qu'ils rient, et moi je n'aime pas qu'on rie dans la maison de Dieu. Je me placerai près de toi. »

Une autre fois qu'il se croyait un peu mieux, parce qu'en ce moment il ne souffrait pas beaucoup, il me dit : « Tout mon souci est que tu meures avant moi, car alors, avec un père comme le mien, personne ne me parlera plus du bon Dieu dans la maison. » Je le rassurai, en lui disant que la parole de Dieu était notre soutien maintenant, et qu'elle le serait encore plus tard, si je venais à lui manquer; je lui dis aussi que le Seigneur ne délaisse pas les orphelins. Il me comprit, et ses craintes s'évanouirent.

Tous les soirs, après le souper, il me disait : « Maintenant, ma mère, que mon père est parti, raconte-moi une jolie histoire. » Quelquefois j'étais si fatiguée que j'aurais voulu me coucher, mais il insistait jusqu'à ce que j'eusse consenti à sa demande.

Toutes les fois que je lui ai demandé s'il désirait guérir, il m'a répondu : « J'aime mieux aller au ciel. » Un jour il ajouta : « Si tu savais combien je souffre, tu comprendrais que je languis d'aller au ciel. J'ai un mal terrible et cruel. D'où vient donc que les autres enfants, qui sont plus méchants que moi, qui jurent et font toutes sortes de mauvaises choses, ne sont pas malades et peuvent s'amuser, tandis que moi, qui aime bien le bon Dieu, j'ai un mal si terrible ? » Je lui demandai aussitôt s'il se sentait pour cela porté à murmurer.— « Non, ma mère, me répondit-il avec la douceur d'un ange, je veux dire seulement que je ne sais pas pourquoi le bon Dieu me fait tant souffrir. — Lorsque tu seras dans le ciel, mon cher enfant, lui dis-je, tu comprendras les desseins de Dieu à ton égard, et tu le béniras pour tout ce que tu auras souffert ici-bas. » J'ajoutai : « Quand tu contempleras des cieux cette vie courte, il est vrai, mais triste, car tu as presque toujours été souffrant, tu te sentiras bien heureux d'avoir été sitôt délivré. Pendant que je te pleurerai sur la terre, tu seras heureux dans

le ciel, et notre séparation me paraîtra bien lon-
gue. » — « Oui, reprit-il, mais tu sais bien que
tu viendras me retrouver un jour, et mon père
aussi. »

Un jour, un voisin vint le voir, et avant de le
quitter il lui dit : « Mon ami, ne t'inquiète pas,
tu es trop jeune, tu ne mourras pas. — Oh! répondit mon cher fils, cela ne me fait rien de mourir; la mort ou la vie, cela m'est égal. »

En parlant d'une petite fille dont il avait quelquefois dit en plaisantant qu'il voulait être le
mari, il s'écria : « Mais non, je vais mourir, et je
serai marié avec la mort. Mais Lydie viendra
aussi au ciel, et là nous ne nous séparerons plus.
Ma mère, donne-lui en souvenir ma boîte de
bonbons. »

Une amie lui ayant parlé des bains de mer, il
lui dit : « Tu sais bien qu'il ne faut pas me parler des bains. C'est au ciel que je vais aller. Mais
si j'avais pu y aller cette année, nous aurions em-
porter avec nous des chaises, et j'aurais pris de celles du salon pour M. Guiton (1). » C'est ainsi que
mon cher enfant montrait son affection de quelque
manière pour tous les enfants de Dieu. Une autre
fois il me dit : « J'aime que tes amies me veillent,
parce qu'elles me parlent de bonnes choses que
j'aime, et cela me soulage. »

Un jour, je l'embrassais au front. « Il me sem-

(1) Un autre pasteur qu'il avait connu.

ble que tu m'ôtes mon mal, me dit-il bientôt. — Je voudrais bien le faire, repris-je. — Oh ! non, ma mère, répondit-il aussitôt avec vivacité, j'aime mieux avoir mon mal que si tu l'avais toi-même. »

On comprend combien j'étais touchée de pareilles réponses. Il m'a souvent parlé ainsi, surtout lorsque le sujet qui l'occupait lui rappelait son père. Un jour, je lui lisais une histoire du réveil américain. Il m'interrompit pour me dire : « Ma mère, moi aussi, si mon père me demandait de prier pour lui, je le ferais, et ce serais même avec beaucoup de zèle. — Saurais-tu prier pour lui ? — Certainement je le saurais. — Et que demande-rais-tu au bon Dieu ? — Je lui demanderais de convertir mon père, afin qu'il pût venir avec moi. » Que de fois il a ainsi parlé de la conver-sion de son père. Il voulait aussi que je fusse ferme dans ma résolution de sanctifier le diman-che. « Si quelqu'un vient au magasin le dimanche, me dit-il une fois, dis-lui que mon père n'y est pas, et que toi, tu ne sers personne. Et puis, si mon père te gronde, moi, je suis ici pour te dé-fendre. » Que cette naïveté me faisait de bien ! O Dieu ! tu as tiré ta plus parfaite louange de la bou-che des petits enfants !

Un soir, vers cinq heures, mon mari était d'un côté du lit du cher malade, et j'étais de l'autre. Ma petite Amélie, âgée de trois ans, monta pour voir son frère. Apercevant le ciel, à travers la fenêtre, elle se mit à dire : « Ma mère, le bon Dieu est là haut? — Oui, ma fille. — Gaston va vers le bon Dieu, n'est-ce pas? Moi aussi je veux aller vers le bon Dieu avec lui. » — Mon fils qui l'entendait, reprit : « Oui, ma sœur, tu viendras avec moi au ciel. » Puis s'adressant à son père : « Et toi aussi, mon père, il te faut venir et nous serons heureux! » — Son père ému, lui répondit : « Oui, mon ami, j'y viendrai. » A l'ouïe de ces paroles, de ce doux entretien, de cette promesse faite pour la première fois, je me sentis émue d'une vive reconnaissance envers Dieu; mais la pensée que celui qui parlait le plus de Dieu dans la maison n'y serait bientôt plus, me serra le cœur. Je demandai aussitôt au Seigneur d'augmenter ma foi, et de se souvenir de ses promesses. « Tu m'as promis, lui dis-je, que ma force durerait autant que mes jours, fais que je puisse considérer mon fils comme appartenant déjà à ton céleste royaume, afin que la vue de ses souffrances ne me porte pas au découragement. Garde-moi de murmurer, que je puisse te glorifier dans cette rude épreuve, car si je me laissais abattre, le monde pourrait croire que mes espérances sont vaines. Sois toujours à mon côté, et soumets mon cœur à ta sainte volonté. » Je rends grâce à Dieu de ce que cette prière a été pleinement exaucée.

Dans la soirée du dimanche 20 janvier, son père monta auprès de lui, et l'enfant lui dit : « Mon père, il me semble que tu n'es pas content. — En effet, mon ami, je ne suis pas content de te voir tant souffrir. Aujourd'hui on m'avait invité à un grand dîner, et je n'ai pas voulu y assister, parce que je ne peux m'amuser pendant que tu souffres comme cela. — Mais mon père, dit alors Gaston, tu sais bien qu'il m'est égal de mourir ou de vivre. Tiens, pour te voir content, si je pouvais, je te chanterais quelque chose ! »

Le mal empirait toujours, et mon cher fils passa la plus grande partie des quatre jours suivants dans un long et pénible assoupissement, dont il ne sortait le plus souvent que pour prononcer des paroles incohérentes. Cependant il eut des moments lucides, pendant lesquels il récita à diverses reprises l'Oraison dominicale. J'ai aussi recueilli les phrases suivantes, presque toutes prononcées après un long intervalle de repos : — « Mon Dieu, sois béni pour ce que tu me donnes ! — Mon Dieu, que de souffrances tu me donnes ! — Je veux aller au ciel avec toi. — Tu sais bien que j'ai la foi. — Je veux être avec les anges de Jésus-Christ. — Ce n'est pas la volonté de Dieu que je guérisse. — Nous sommes ici-bas pour souffrir. — O mon Dieu ! pardonne-moi, console-moi. C'est toi seul qui le peux. » — Puis venaient des citations soit du Symbole, soit de la Bible, telles que : « Je crois en Dieu le Père tout-puissant. — Bienheureux ceux qui ont cru sans avoir vu. — Si c'est toi, ordonne que j'aille vers toi en marchant sur les eaux. »

Ses bons moments duraient peu, et devenaient toujours plus rares. Dans une nuit tout entière, il n'en eut qu'un, pendant lequel il dit à une de ses cousines, qui le veillait : « Que je te plains ! — Et pourquoi ? — Parce que tu iras en enfer ; mais va, sois tranquille, je prie le bon Dieu pour toi et pour toutes mes cousines, comme aussi pour mon père, afin que vous vous convertissiez tous. »

Le lendemain, les souffrances parurent encore augmenter. Cependant mon cher enfant put prononcer quelques paroles raisonnées que j'ai notées. Par exemple : « Tout ce qui vient de Dieu est véritable. — Ta foi t'a sauvé. — O mon Dieu ! fais que je meure ! J'irai au ciel. — Je voudrais être un enfant du bon Dieu, mais je ne peux pas parler ; oh ! que je souffre ! » — Entendant que je racontais à une amie comme quoi son père avait dit que puisque je priais tant le Seigneur, Il devait guérir notre fils, celui-ci s'écria : « Je ne veux pas que tu parles ainsi, ma mère. Tu sais bien que le bon Dieu fait tout pour notre bien. » Et notre amie lui ayant demandé qui le lui avait dit, il répondit : « C'est ma Bible. »

Le jour suivant, il me demanda de lui lire quelque chose. Prenant le livre intitulé *La famille de Béthanie*, qui était à mon côté, je lui lus ce verset : « Mon âme attend le Seigneur plus que les sentinelles n'attendent le matin, et maintenant l'heure de la délivrance est arrivée. » Voyant qu'il était fatigué, je m'arrêtai ; mais lui, continuant : « Mon Dieu, dit-il, pardonne-moi ! O mon Dieu, que je t'aime ! Tu me donnes un bon Sauveur !

O mon Dieu, que je souffre ! » Puis il se mit à réciter le Symbole des Apôtres et l'Oraison dominicale. A sa demande, j'essayai de lui chanter : *Je voudrais être un ange;* mais suffoquée par les sanglots, je dûs m'arrêter, et ce fut notre sœur Césarine, que je fis appeler, qui répondit à son désir.

Peu de temps après, il eut un nouvel accès de convulsions, mais plus court que celui qu'il avait eu dix jours auparavant. Aussitôt qu'il eut repris connaissance : « Parle-moi du ciel, ma mère, me dit-il. Il me semble que tu m'ôtes la moitié de mon mal, quand tu me racontes les joies du ciel. — Jésus-Christ, Jésus-Christ, viens me chercher. — Qu'il faut souffrir sur cette terre ! — Qu'il me tarde de mourir. — Ce ne sera pas trop tôt échanger la terre pour le ciel. — Nous sommes sauvés par la foi. » — J'omets plusieurs autres phrases qui n'étaient qu'une répétition de celles qu'il avait précédemment prononcées.

Le dimanche 4 février, dans la matinée, notre sœur Césarine était avec nous, et pressait le front du malade, lorsqu'il lui dit : « J'irai au ciel. Ma place m'attend. Il vient me dire : La victoire est à toi. Il s'est annoncé à moi. » Césarine me dit aussitôt : Je n'ai pas bien compris ces derniers mots, mais il me semble qu'il a dit que le Seigneur vient de se manifester à lui. Il entendit ces paroles et reprit : « Oui, il s'est montré à moi. Oh ! que je souffre ! Je dirai au bon Dieu de ne pas vous rendre malades, quand il vous faudra mourir ; j'en ai bien assez comme cela. » Je lui appliquai un peu d'ammoniaque sur le front, ce qui le soulagea pour une demi-heure , pendant laquelle il demanda à voir M. Mourgues ; mais avant que ce serviteur de Dieu eût pu venir , il retomba dans un profond assoupissement.

Du dimanche soir au mardi , souffrances continuelles , mais quelques paroles intelligentes du même caractère que les précédentes. Le mardi , après avoir de nouveau invité son père à aller au ciel , il s'écria par deux fois : « Oh ! que je m'en vais content. Je vais au ciel. — Sais-tu bien le chemin du ciel » lui dis-je ? — Comprenant cette question dans un sens spécial , il me dit : — « Pour arriver au ciel, il faut passer par la maladie et puis par la mort. » Puis il se mit à parler de ses souffrances : « Oh ! que je souffre, ma mère, oh ! que je suis à plaindre ! Quel mal terrible ! O mon Dieu ! c'est à toi que je viens ; je veux t'embrasser ; je veux être un ange, comme les anges du bon Dieu. » Il me demanda une histoire, et écouta sans mot dire le récit de la résurrection de la fille de Jaïrus. « Que nous serions contents, lui dis-je en terminant, si notre bon Sauveur te guérissait aujourd'hui. — Moi, je ne le veux pas, reprit-il, je ne suis pas bien ici , je souffre tant. » Puis il continua : « O mon Dieu, je te prie ; toi aussi, Jésus-Christ mon Seigneur. Je vais au ciel. Je vais voir les amies de ma sœur. Ma sœur est l'amie des anges, et moi aussi. Dieu est juste et bon. Oh ! que je souffre. »

La nuit du mardi au mercredi fut assez calme. Une de nos sœurs qui le veillait lui entendit dire ce qui suit : « Seigneur Dieu, que tu es juste. Jésus, juste et sage, je te remercie de ce que tu m'as donné de t'aimer et d'aimer les anges. » Il éprouva un moment la crainte d'aller avec le diable. Je le rassurai, en lui prouvant que son Sauveur l'aimait, et que nul ne le ravirait de sa main, et je lui récitai le cantique : *Jésus est notre ami suprême.*

De toute la matinée du mercredi, mon cher enfant ne put parler. Plus tard, il y eut une apparence de mieux, qui nous donna un petit rayon d'espoir, car l'enfant nous dit qu'il commençait à y voir un peu. La nuit fut assez calme. Le matin, vers sept heures, il se mit à dire : « O mon Dieu, c'est toi qui es mon Sauveur. » Vers dix heures, il s'écria : « Mon Dieu, viens me sauver. O ma mère, que je suis content. O mon Dieu, quel bonheur ! Tu es trop sage pour qu'on ne t'obéisse pas. Oh ! quel beau paradis ! Mon Dieu, pardonne-moi, et fais-moi parler comme il faut ! Ma pauvre mère, que je voudrais te voir ! »

Le reste de la journée se passa dans un profond assoupissement. Pendant la nuit, il fut fort agité. On eut dit qu'il étouffait. Aussi le jeudi matin, comme il parlait encore de ses souffrances, je lui dis : « Mon ami, nous avons bien besoin de demander à Dieu qu'il nous soutienne tous les deux, et qu'il te donne à toi la patience et la force de sup-

porter ton mal, et à moi la résignation à sa volonté.
Que nous sommes heureux de le connaître ! » Alors
il me répondit : « Ma mère, je le connais, mon
Dieu. »

A part de courts intervalles de répit, les jours
et les nuits suivantes se passèrent dans un profond
assoupissement ou dans des souffrances aigües.
Lorsqu'il en avait la force, il récitait l'Oraison
dominicale, ou bien il répétait les phrases que j'ai
déjà rapportées. En voici quelques autres que je
lui ai aussi entendu prononcer : « Parle, Seigneur,
ton serviteur écoute. — Dieu est ma seule res-
source. Oh ! que je l'aime ! » Comme je lui parlais
de ses mains jointes il me dit : « J'aime tant de faire
ma prière ; c'est mon meilleur régal. » Il m'exprima
aussi à diverses reprises sa reconnaissance pour les
services que je lui rendais.

Le samedi vers les deux heures du matin, je
reconnus qu'il était beaucoup plus mal. Il ne tarda
pas à être saisi de vomissements, qui lui occa-
sionnèrent un grand combat, et le fatiguèrent
au point de lui ôter la parole. La nuit du dimanche
au lundi fut plus calme, il parla plusieurs fois du
bonheur dont il allait jouir, tout en s'interrompant
pour s'écrier : « Oh! que je souffre! Oh! ma mère,
que je te plains ! »

Vers cinq heures du soir, il demanda à Dieu de
le délivrer de ses souffrances. Une heure après, il
s'écria : « Je veux voir mon Dieu, mon Sauveur,
ma couronne. » Il ne prononça guères d'autres paro-

les, car le mal faisait de sensibles progrès. La nuit
suivante, il déraisonna presque constamment. Il
n'eut qu'un seul moment de lueur, pendant lequel
il demanda qu'on lui chantât un cantique. Ma tante
lui répondit qu'elle ne savait pas chanter ; mais
qu'elle lui réciterait le cantique 52, du livre des
Psaumes. Craignant de le fatiguer, elle s'arrêta
après la troisième strophe ; mais mon cher fils la
pria de continuer, en disant : « Je veux qu'il y en
ait bien long. »

Vers le matin, il demanda à Dieu de ne pas le
laisser vivre. puis comme s'il avait une vision
céleste, il s'écria : « O mon Dieu, ils chantent
gloire ! Je vois un homme qui s'approche de l'ange,
et qui dit à Dieu : Amen ! » Et il se mit à chanter :

> A l'école
> La parole
> Qui console, etc.

Dans la journée du mercredi, il eut un moment
de calme, pendant que M. le pasteur Mourgues se
trouvait auprès de lui. — « Nous devrions profiter
de ce bon moment, dit-il, pour faire la prière. »
Mon cher fils en parut bien aise, et pendant la
prière, il me demanda par trois fois que le pasteur
voulut bien élever la voix ; car M. Mourgues, craignant de le fatiguer, parlait presque à voix basse.
La prière terminée, il me dit qu'il avait pu la comprendre.

Pendant la nuit il retrouva la parole pour me

demander si l'un de ses petits amis qu'il me nomma était converti. « Mon ami, lui répondis-je, sa mère lui parle comme je t'ai parlé ; elle lui fait connaître le bon Dieu, et Dieu le convertira sans doute, comme il t'a converti toi-même ; car les sages conseils d'une mère ne sont jamais perdus. — Ah ! que tu me parles bien, ma mère ! » reprit-il ; puis ses souffrances reprenant le dessus, il s'écria : « Oh ! que je souffre ! » Il devait bien souffrir en effet, car il avait beaucoup de peine à prononcer ces mots, son gosier étant fortement embarrassé.

La fin approchait. Vers deux heures et demie du matin, après avoir répété : « Christ est mort sur la croix, » il s'écria : « Vois cet ange, — oui je vois un ange, — c'est l'ange gardien. Je suis enfant de Dieu. — Ah oui ! que de choses !... qu'elles sont belles... O mon Dieu, aide-moi,... Adieu... Je n'ai pas... La mort nous prend... (Il ne put achever sa pensée)... Je veux chanter... La lumière pour moi... Au secours !... Il me..... Seigneur, Seigneur... » Ce furent ses dernières paroles. Il put encore prendre deux cuillerées de tisane, et environ une heure après, son âme régénérée entrait dans le sein de Dieu.

Je craignais qu'après les vives souffrances qu'il avait endurées, son pauvre corps ne fut défiguré. Mais il n'en a rien été. La sérénité est restée peinte sur son visage. La vision qu'il eut avant de mourir lui laissa un calme que la mort même n'a pu effacer.

C'est dans la matinée du 16 février 1866, que nos amis se sont réunis pour rendre les derniers devoirs à la dépouille mortelle de mon cher Gaston. Le Seigneur m'a soutenu en cette occasion d'une manière extraordinaire. Moi qui avais perdu deux autres enfants, un de quatre mois et un de deux ans et demi, et n'avais pu assister à leur enterrement, j'ai pu cette fois-ci écouter la prière de notre cher pasteur avec une parfaite résignation et en disant amen du fond de mon cœur, car ses paroles étaient véritablement un baume pour ma blessure si profonde. J'ai encore eu la force de me rendre au champ du repos, et de dire à mon fils : *Au revoir*, et non pas *adieu*. Le Seigneur a donc répondu aux prières de notre cher pasteur et de toute l'Eglise, car sans cela, je n'aurais pu glorifier Dieu jusqu'à la fin comme il m'a été donné de le faire. Que son nom soit béni !

Puisse ce simple récit être en bénédiction à tous ceux qui le liront, et à Dieu seul soient rendus l'honneur, la puissance et la gloire ! Amen.

Nimes, typ. Roger et Loporte, place Saint-Paul, 5.

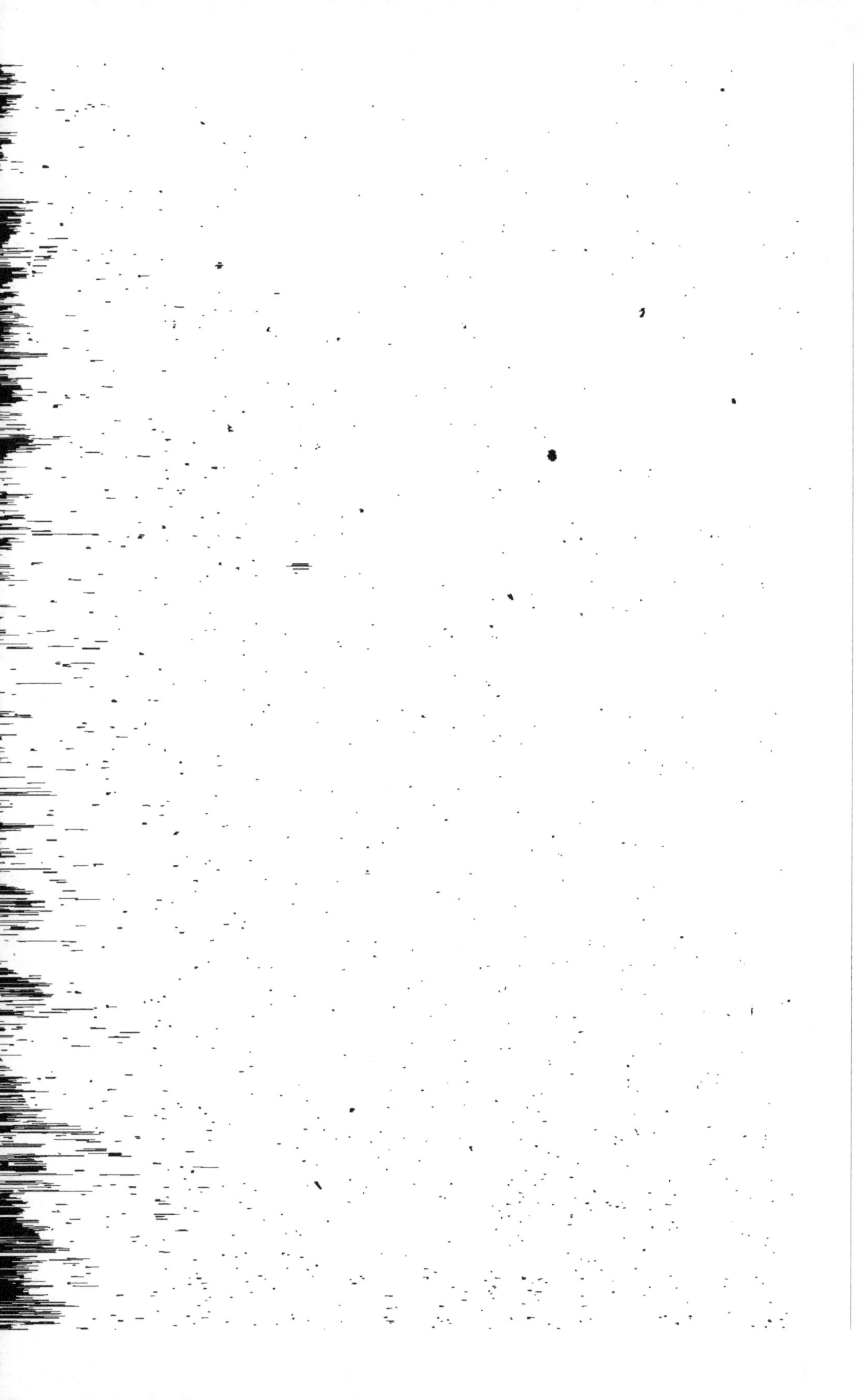

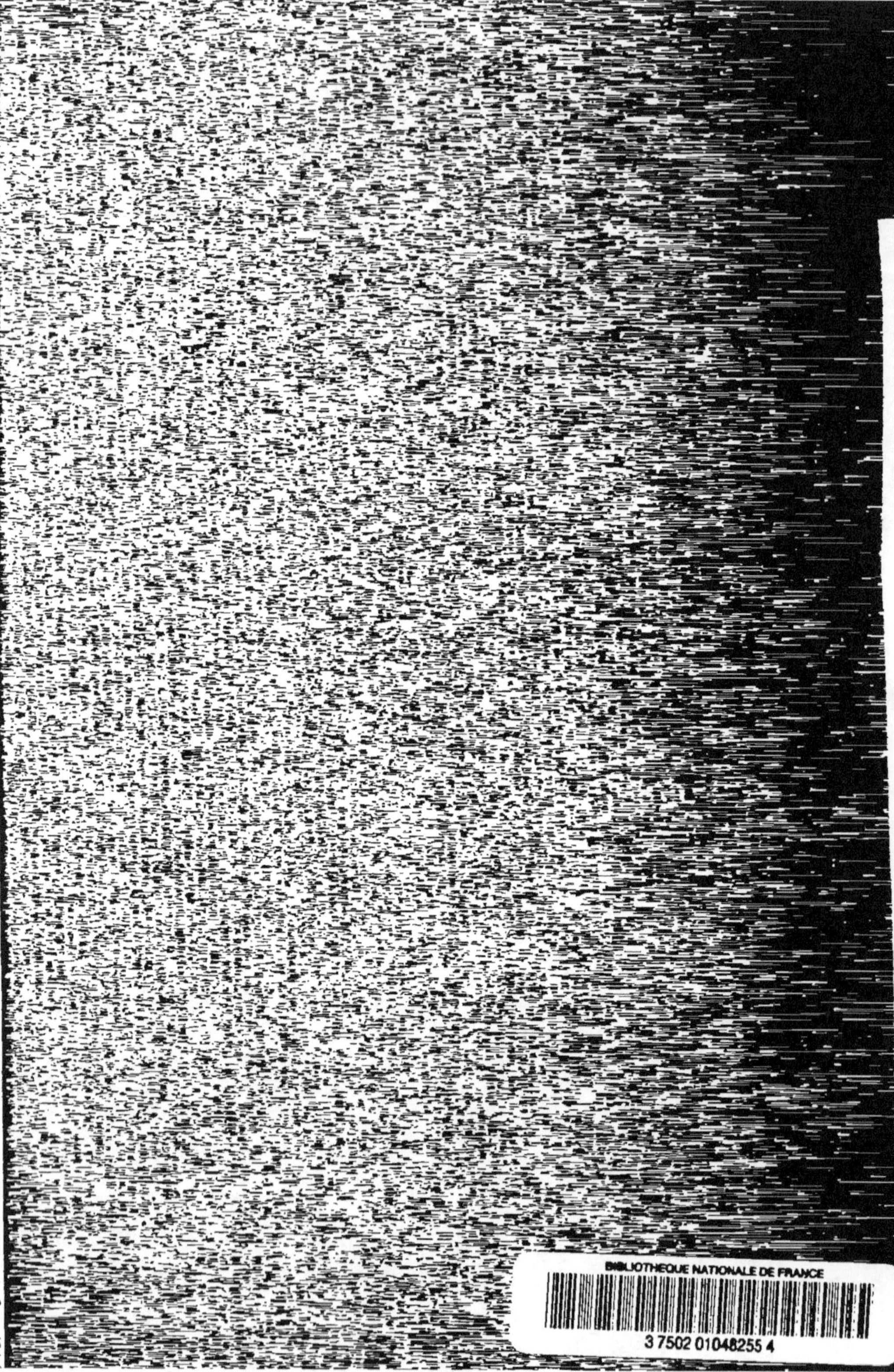
BIBLIOTHEQUE NATIONALE DE FRANCE
3 7502 01048255 4

www.ingramcontent.com/pod-product-compliance
Lightning Source LLC
Chambersburg PA
CBHW061248030726
47595CB00004B/1750